어린이가
꼭 알아야 할
인권

다른매듭 출판사 블로그에는 출간된 책들의 독서 활동 자료가 있습니다.

어린이가 꼭 알아야 할 인권

2023년 5월 15일 초판 1쇄 발행
2024년 10월 21일 초판 2쇄 발행

기　　　획 | 사자양
글　　　　 | 오늘
그　　　림 | 김연정

편　　　집 | 류지형
디 자 인 | 종달새
인쇄제책 | (주)공간코퍼레이션

펴 낸 이 | 신혜연
펴 낸 곳 | 다른매듭

출판등록 | 2020년 8월 1일(등록번호 제2020-000008호)
주　　　소 | 전남 순천시 오천2길 18-3, 101호 (57999)
전　　　화 | 010-7907-2081
팩　　　스 | 0504-054-2081
전자우편 | differentknot@naver.com
블 로 그 | blog.naver.com/differentknot

ISBN 979-11-92049-33-5 (73810)

ⓒ 오늘·김연정·사자양 2023

*이 책은 저작권법에 따라 보호받는 저작물이므로 무단 전재와 무단 복제를 금합니다.
*잘못 만들어진 책은 구입처에서 바꿔 드립니다.
*책값은 뒤표지에 표시되어 있습니다.

어린이제품안전특별법에 의한 제품표시
제조자명 다른매듭 **제조국명** 대한민국 **사용연령** 만 8세 이상 어린이 제품

어린이가 꼭 알아야 할 인권

오늘 글 | 김연정 그림 | 사자양 기획

다른매듭

차례

작가의 말 • 6

지금 이곳, 우리의 인권 • 11
인권은 무엇일까요? • 16
인권을 위해 누가 노력해야 하나요? • 26
어린이에게는 어떤 권리가 있나요? • 36
유엔 아동 권리 협약이 왜 중요할까요? • 46

어른들은 왜 자꾸 기다리라고 할까요? • 54
어떤 권리를 침해받은 걸까요? • 64
이 문제를 누가 해결할 수 있을까요? • 80
내일 이곳, 우리의 인권 • 91

선언문 모아 보기 • 99
예시 답안 • 118

작가의 말

오늘 여러분의 권리는 맑음인가요?

"우리에게 이런 권리가 있다는 걸 몰랐어요."

인권 수업을 하며 아주 많이 듣는 말 가운데 하나예요. 또 이런 말도 자주 듣습니다.

"어른들이 이야기를 들어주지 않으면 어떡해요?"

그러면 저는 이렇게 말합니다.

"미안해요. 어른들이 몰라서 그래요. 어른들이 어린이일 때는 인권 교육을 받지 못했어요. 그러니 여러분, 오늘부터 알게 된 걸 어른들에게도 알려 주세요. 자꾸자꾸 이야기하다 보면, 바뀔 수 있으니까요."

우리 모두에게 권리가 있다는 걸 모르는 사람은 별로 없을 거예요. 그런데 그 '권리'가 무엇인지 설명하려고 하면 갑자기 말이 탁 막힐지도 몰라요.

    '권리', '인권'이 어렵게 느껴진다면 이렇게 생각해 보세요. 인권은 사람이 행복하게 살기 위해 누려야 하는 것이에요. 여러분이 재미있게 놀고, 즐겁게 교육받고, 맛있게 먹고, 편안하게 쉬려면 꼭 필요한 것들이지요.

    이런 권리가 지켜지면 어린이는 건강하게 자라고, 하고 싶은 말도 자유롭게 하고, 차별받지 않고, 안전하게 보호받을 수 있어요. 그게 바로 행복하게 사는 삶이 아닐까요?

    하지만 여전히 어린이가 사는 세상은 안전하지 않아요. 어린이의 권리가 지켜지지 않는 안타까운 사건을 종종 만나기도 하고요. 이 책은 여러분이 사는 세상이 안전하고 행복한 곳이 되길 바라는 마음으로 쓰게 되었어요.

    이야기 속 아이들은 일상생활에서 권리를 침해받기도 하

고, 보장받기도 해요. 그러면서 권리가 무엇인지 점점 알게 되지요. 또 권리를 누리기 위해 무엇을 해야 하는지도 알아 가요.

　어린이는 스스로 권리를 주장할 수 있는 사람이고, 다른 사람의 권리를 지켜 줄 수 있는 사람이에요. 인권이 무엇인지, 침해받는 권리가 무엇인지 정확히 알면, 자신의 권리를 요구할 수 있고, 부당한 것은 바꿔 달라고 요구할 수 있지요.

　이 책은 등장인물을 따라가며 새롭게 알게 된 것과 여러분의 생각을 직접 써 보도록 구성했어요. 읽고 덮어 두는 책이 아니라, 여러분 스스로가 새롭게 쓰는 인권 책이 될 거예요. 이 과정을 통해 여러분은 당당한 권리의 주인공이 될 거예요. 여러분에게는 그럴 자격이 있고, 힘이 있어요.

　때론 흐린 날도 있겠고요, 비바람에 지친 날도 있을 거예요. 하지만 우린 알죠. 구름이 지나간 자리에 해가 뜰 거란 것을요. 날마다 여러분의 권리가 환하게 빛나길, 오늘 여러분의 세상은 권리를 당당하게 말하는 맑은 날이기를 바랄게요.

어린이와 오늘을 사는 작가,
오늘 씀

지금 이곳, 우리의 인권

여러분은 어떤 광장을
지나갈 거예요.
잘 살펴보세요.

여러분은 광장을 지나며 무엇을 보았나요? 어떤 생각이 떠올랐나요? 머릿속에 떠오른 생각을 자유롭게 이야기해 보세요.

아이들이 낡고 위험한 놀이터에서 놀고 있었고요. 그 모습을 부러운 듯 보는 아이도 있었어요. 어린이 보호 구역에서 제한 속도를 지키지 않는 자동차도 보았지요. 휠체어가 들어갈 수 없는 화장실과 아이들이 들어갈 수 없는 음식점도 있었어요. 자동 주문 기계 앞에서 당황한 어른과 부모를 잃고 우는 아이도 만났어요.

이 모든 상황을 설명할 수 있는 단어는 무엇이 있을까요? 그 단어를 떠올려서 우리가 지나온 광장에 이름을 붙여 볼까요?

당연하다고 생각하는 일이 지켜지지 않을 때, 우리는 '권리'를 침해받았다고 생각해요. 바로 앞의 광장에서 만난 상황처럼요.

그래서 그곳을 '권리를 침해받은 광장', '권리를 보호받지 못한 광장'이라고 부를 수 있지요.

여러분의 오늘 하루 중 가장 기억에 남는 순간을 떠올려 보세요. 광장에서 본 사람들처럼 권리를 보호받지 못했다고 생각하나요? 아니면 소중한 여러분의 권리가 잘 지켜졌다고 생각하나요?

어제는 어땠나요? 내일은 어떨 것 같나요?

인권은 무엇일까요?

앞에서 여러분이 떠올린 '기억에 남는 순간' 이야기를 더 해 볼게요. 권리를 보호받았던 어린이는 그 순간을 행복하게 기억할 거예요. 권리를 침해받았던 어린이는 행복하지 못한 순간으로 기억할 거고요.

'권리'와 '행복', 이 두 단어가 아주 중요해요.

'권리'란 어떤 일을 자신의 의지대로 자유롭게 하거나 다른 사람에게 당연히 요구할 수 있는 자격이나 힘이에요. '행복'이란 생활하면서 충분히 만족하고 기쁨을 느끼는 상태를 말하고요. 사람이라면 누구나 태어날 때부터 지닌 권리이며, 행복하게 살기 위해 당당하게 주장하고 누려야 할 권리를 '인권'이라고 합니다.

여러분이 행복하게 살기 위해 꼭 필요한 것은 무엇인가요?
손가락 위에 자유롭게 써 보세요.

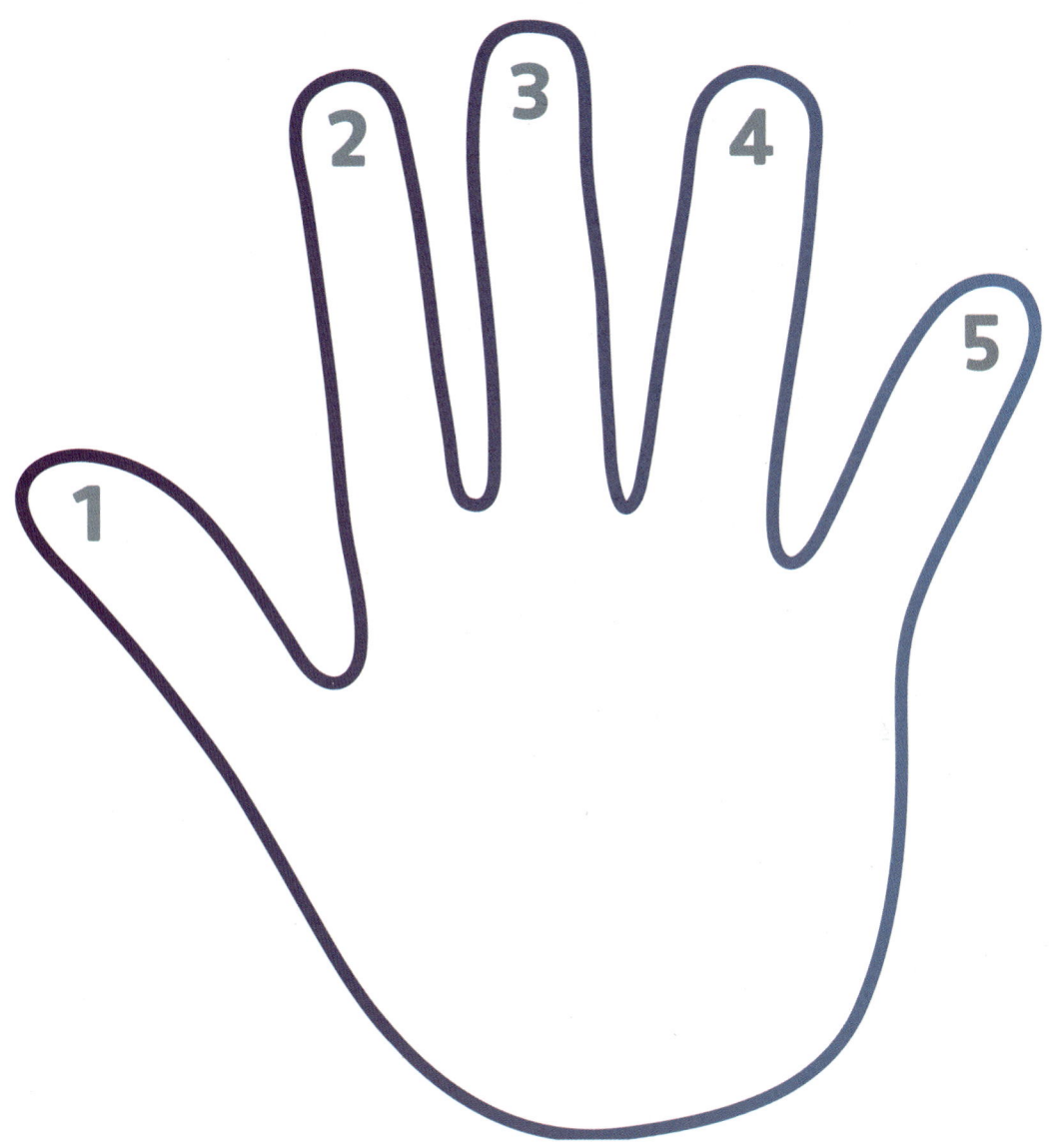

이제 손가락에 쓴 것들이 여러분의 권리를 지키기 위해 꼭 필요한 것이라고 생각해 봐요. 엄지손가락부터 하나씩 접어 보면서 그것이 없다면 권리를 누리지 못하는지, 없어도 괜찮은지 이야기해 보세요.

어떤 손가락은 접었을 때 권리가 사라질 수 있어요. 또 어떤 손가락은 접었을 때 내가 조금 덜 행복할 수는 있어도 권리를 침해받는 건 아닐 수도 있어요.

예를 들면 깨끗한 물을 마시지 못하는 건 '건강할 권리'가 지켜지지 않는 것이지요. 그러나 달콤한 사탕을 먹지 못하는 건 조금 덜 행복할지 몰라도 '건강할 권리'를 침해받은 건 아니에요.

우리가 행복해지기 위해 원하는 것 모두가 권리를 보호받는 데 꼭 필요한 건 아닐 수도 있는 거지요.

조금 어려울 수 있는 이 이야기들을, 쿵이와 짝이와 함께 나눠 보려고 해요. 먼저 두 아이의 대화를 볼까요?

짝이야, 나 어제 기분 엄청 나빴어.

 쿵이야, 왜? 뭔데, 뭔데? 말해 봐.

 가족 여행 장소를 정하는데 독도에 가고 싶다고 했더니, 애들은 빠지래. 그럼 여행도 나 빼고 가라고 했더니 반항하냐고 혼났어.

 와, 와! 진짜 화났겠다. 우리도 말할 권리가 있는데!

쿵이는 왜 기분이 나빴을까요? 어른들이 자신을 존중해 주지 않고 의견을 무시했기 때문이에요. 어린이나 어른이나 똑같은 '사람'이에요. 모두 다 소중한 존재고요. 그런데 어리다는 이유로 말할 권리를 무시하거나 함부로 대하고 차별한다면 화가 날 수밖에요. 사람은 그 자체로 귀하고 가치 있는 존재, 즉 '존엄한 존재'로 존중받아야 하거든요.

쿵이가 기분이 나쁘고 앞의 광장에서 만난 사람들이 불편을 겪은 이유가 바로 권리를 보호받지 못했기 때문이지요.

어렵다고요? 그럼 이렇게 생각해 보세요.

**졸릴 때 잠을 잘 권리,
배고플 때 먹을 권리,
친구와 신나게 놀 권리,
어리다고 무시당하지 않을 권리.**

어때요, 조금 쉽게 느껴지나요? 이런 권리는 특별한 누군가에게만 필요한 것이 아니에요. 모두에게 똑같이 있다고 법으로도 정해 놓았지요.

지금 우리는 누구에게나 권리가 있다는 사실을 당연하게 여기고 있어요. 쿵이처럼 자신이 존중받지 못할 때나 차별받을 때 인권을 침해받았다고 생각할 수 있도록 가르쳐 주고 있어요.

이 생각은 세계 인권 선언에서부터 시작되었어요.

1948년 유엔에서 선포한 세계 인권 선언 제1조에는

'모든 사람은 태어날 때부터 자유로우며 동등한 존엄과 권리를 가진다.'라고 쓰여 있어요.

하지만 아주 예전에는 그렇지 못했어요. 모든 사람이 소중하게 대우받지 못했고, 모두가 인간의 권리를 동등하게 누리지 못했던 거예요.

왜 그랬느냐고요? 옛날에는 태어날 때부터 신분이 정해져 있었어요. 양반도 있고, 평민도 있고, 노비도 있었지요. 신분에 따라 사는 모습이 다르고, 선택할 수 있는 직업도 정해져 있었고요. 그렇다 보니 누군가는 태어나 평생을 힘들게 일하며 살았고, 하고 싶은 걸 마음대로 하지도 못했어요. 다른 누군가는 태어나 받기만 하는 삶을 살았고, 원하는 걸 손쉽게 이루었어요.

예를 들면, 양반집 아들로 태어난 산이는 자라면서 서당에 다니며 글공부를 했어요. 노비의 자식으로 태어난 말순이와 개똥이는 어릴 때부터 산이의 시중을 들었어요. 어른이 된 산이는 과거 시험을 봐서 벼슬자리에 올라 떵떵거리고 살았어요. 말순이와 개똥이는 어른이

되어서도 산이의 시중을 들며 평생 노비로 살았지요.

　우리나라뿐 아니라 다른 나라에서도 타고난 신분에 따라 권리를 보장받지 못하고 차별을 받는 사람이 있었던 건 마찬가지였어요.

　시간이 흐르면서, 사람들 사이에 자유와 평등에 관한 생각이 싹텄어요. 신분 제도를 없애고 모두가 평등하게 살아가는 세상을 만들어야 한다는 생각이 퍼져 나갔지요. 각자 다르지만 똑같이 소중한 인간이, 서로를 존중하며 살아야 한다고 생각한 것이에요.

　그렇게 믿은 사람들이 앞서 나서서 신분에 따른 차별을 없애기 위해 오랫동안 싸웠어요. 그 덕에 지금은 대부분의 나라에서 누구나 신분 때문에 차별받지 않고 동등하게 살아갈 수 있는 바탕이 마련되었어요.

　세계 인권 선언의 제2조 조항이 바로 '모든 사람은 인종, 피부색, 성별, 언어, 종교, 출신 국가나 사회적 계급 등에 따른 어떠한 차별도 없이 권리와 자유를 누릴 수 있다.'라는 내용이랍니다.

 **인권은 원래 있던 게 아니라 노력해서 얻은 거네요!**

그래요. 많은 사람의 노력으로 우리는 존엄한 인간의 권리를 누리고 있어요. 권리는 다른 사람에게 양보하는 것도, 먼저 존중받도록 배려하는 것도 아니에요. 누구도 여러분의 권리를 빼앗을 수 없어요.

다만 내 권리를 존중받고 싶다면 이것만은 꼭 기억하기로 해요. 나에게 존중받을 권리가 있는 것처럼, 다른 사람에게도 그 권리가 똑같이 있다는 것을요. 사람마다 행복하게 살아가는 데 필요한 것이 다르다면, 우리는 서로의 생각과 권리를 존중하고 옹호하는 사람이 되어야 한다는 사실도요.

이 세상에 함부로 대해도 되는 사람은 없어요. 우리는 모두 태어날 때부터 소중한 존재로, 인권을 누려야 합니다.

인권을 위해
누가 노력해야 하나요?

"모든 사람은 자유롭고 평등한 권리를
가지고 태어나며 살아간다."

프랑스 혁명 이후 발표한 '인간과 시민의 권리 선언'의 첫 번째 조항이에요. 1789년, 왕과 귀족의 횡포에 살기 힘들었던 프랑스 시민들이 자유롭고 평등한 사회에서 살고 싶다며 맞서 싸웠어요. 혁명에서 승리하며 프랑스 국민들은 나라의 주인으로 권리를 주장할 수 있게 되었지요. 이 사건을 프랑스 혁명이라고 하는데요, 이때 처음 사람이 누려야 할 권리, '인권'이라는 말이 쓰였

어요.

 이 선언은 '모든 사람은 태어나면서부터 자유롭고 평등하게 살아갈 권리를 가진다'는 인권의 기본적인 개념을 담고 있어요. 그동안 차별받았던 국민은 자신의 권리를 정당하게 외칠 수 있고, 국가는 국민의 권리를 지켜 주기 위해 노력해야 한다는 뜻이지요.

 그럼 모든 사람들이 자유롭고 평등하게 살게 되었죠?

 안타깝게도 '모든' 사람이 그랬던 건 아니에요. 여성과 어린이, 가난한 사람, 흑인 들은 자유롭고 평등하게 살 권리, 의견을 표현할 권리를 보호받지 못하고 차별받았답니다. 무엇이 차별인지 몰랐던 사람도 있었을 테고요, 차별인 걸 알지만 어떻게 해야 달라질지 방법을 모르는 사람도 있었을 거예요.

 앞에서 이야기한 세계 인권 선언은 한참 뒤인 두 차

례의 큰 전쟁이 끝나고 만들어졌어요. 제1차 세계 대전(1914~1918), 제2차 세계 대전(1939~1945)은 침략을 당한 나라는 물론 전 세계 사람들에게 고통을 주었어요. 전쟁터에 싸우러 나간 군인뿐 아니라 평범한 사람들도 목숨을 잃었어요.

다른 민족이라는 이유로, 힘없는 나라의 국민이라는 이유로, 여성이라는 이유로, 종교가 다르다는 이유로, 장애가 있다는 이유로 많은 사람이 죽고, 삶의 터전을 잃고, 차별을 당했지요. 사람들은 전쟁으로 겪는 피해가 곧 자신의 일이 될 수도 있다고 생각하게 되었어요.

어떻게 하면 이런 비극을 막을 수 있을까, 사람들은 고민하기 시작했어요. 제2차 세계 대전 이후 국제 연합 '유엔'이 만들어졌고, 오랫동안 논의하여 1948년에 세계 인권 선언을 발표하게 되었답니다.

전쟁을 막고 평화를 지키기 위해 필요한 권리가 무엇인지, 그 권리를 지켜 주기 위해 국가가 어떤 노력을 해야 하는지 약속을 정한 거예요. 이 선언문은 지금까지도 인권을 보호하는 길잡이 역할을 하고 있어요.

　사람들의 노력 덕에 민주주의 사회에서 자유롭게 자신의 의견을 표현하고, 차별받지 않고 평등하게 살아가며, 인간의 존엄성을 지켜 달라고 요구할 수 있는 권리를 갖게 되었어요.

　세계 인권 선언에 합의한 나라에서는 개인이 차별 없이 누려야 할 권리를 법으로 지켜 줘야 해요. 민주주의 국가의 국민은 나라의 일을 결정하는 데 의견을 낼 수 있고, 국가는 그 의견을 귀 기울여 들어야 하지요.

　그중 자신의 의견을 가장 확실하게 표현할 수 있는

권리로 '투표할 권리'가 있어요. 투표를 할 수 있다는 건 생명을 보호받고 안전하게 살아갈 권리를 넘어서 국가의 일을 결정하는 데 참여할 권리를 보장받는 걸 의미하거든요. 국민은 국가의 보호만 받는 입장이 아니라 국가에 마땅히 요구하는 입장이 된 것이고요.

 나도 국가에 요구할 수 있나?
 당연하지! 어린이도 국민이라고!

맞아요. 어린이도 국민이에요. 아무리 태어날 때부터 권리를 갖고 있다 해도 내 의견을 표현하고 주장할 수 없다면 반쪽짜리 권리이지 않겠어요? 그러니 어린이든 어른이든 스스로의 권리를 지키기 위해 노력하고 외쳐야 누구도 침해할 수 없답니다.

학급 회의에서 의견을 내거나 급식, 도서관 이용에 관한 의견을 말한 경험이 있나요? 집안일이나 용돈 등 여러분의 의견을 가족회의에서 말한 경험은요? 한 번

쯤 그런 경험이 있을 거예요. 평소 여러분이 해 왔던 이러한 일들이 권리를 지키기 위한 행동이에요.

더 나아가서 우리 동네에 안전하지 못한 장소가 있다거나 불편한 일이 있을 때 시청이나 구청에 신고하는 행동은 어린이도 충분히 할 수 있는 일이에요.

 우리나라도 당연히 법으로 인권을 지켜 주겠죠?

물론이지요. 오른쪽에 있는 우리나라 헌법을 살펴볼까요? 이 두 가지 조항으로 미루어 본다면, 우리나라의 모든 국민은 존엄한 존재로서 자신의 의견을 당당하게 표현하고 행복하게 살아갈 권리가 있습니다. 국가는 모든 국민이 차별받지 않고 평등하게 대우받으며 행복하게 살 수 있도록 인권을 보장할 의무가 있는 것이지요.

제1조
대한민국은 민주 공화국이다.
대한민국의 주권은 국민에게 있고, 모든 권력은 국민으로부터 나온다.

제10조
모든 국민은 인간으로서의 존엄과 가치를 지니며, 행복을 추구할 권리를 가진다. 국가는 개인이 가지는 불가침의 기본적 인권을 확인하고 이를 보장할 의무를 진다.

QUIZ
초성 인물 퀴즈

어린이의 인권을 위해 노력한 어린이들을 알아볼까요? 초성 힌트와 설명을 보고 <보기>에서 이름을 찾아 써 보세요.

<보기> 이스마엘 베아, 말랄라 유사프자이, 루이 브라유,
이크발 마시흐, 그레타 툰베리

스웨덴의 환경 운동가예요. '기후를 위한 학교 파업'으로 국회 의사당 앞에서 홀로 시위를 시작했어요. 이 시위는 '미래를 위한 금요일'이라는 전 세계적인 환경 캠페인으로 커져 매주 금요일마다 이루어지고 있답니다. 2019년에는 유엔 본부에서 열린 기후 행동 정상 회의에서 연설도 했지요.

11살 때 탈레반에 점령당한 후의 일상을 담은 <파키스탄 여학생 일기>를 BBC 블로그에 연재하며 여성 교육 캠페인을 시작했어요. 여학생의 교육받을 권리를 위해 싸우고, 전쟁과 성차별과 같은 장벽에 맞서 싸우는 데 앞장서고 있지요.

이크바시흐

최연소 '노동 운동가'로 활동했어요. 4살 때 카페트 공장에 팔려 가 하루 10시간이 넘는 노동을 했지만 임금도 제대로 못 받고 공장 주인의 폭력에 시달렸어요. 9살 때 공장에서 탈출해서 이런 어린이 노동의 문제점을 알리는 데 힘쓰고 있어요.

점자는 시각 장애가 있는 사람들을 위해 개발된 문자 체계예요. 손으로 만지며 읽는 점자는 점들의 위치로 문자를 나타내요. 영어권에서는 알파벳 대신 사용할 수 있는 점자를 만든 이 사람의 이름을 따서 '브라유'라고 부르지요.

ㄹ오ㅂㄹ오

이스ㅁ오ㅂ오

12살에 시에라리온 내전 소년병으로 동원되었어요. 유니세프의 도움으로 구조되었지요. 이후 전쟁 때문에 고통받는 어린이들의 실상을 알리며 어린이 인권 운동가로 활동하고 있어요.

어린이에게는 어떤 권리가 있나요?

오래 기다렸죠? 이제 여러분이 가장 알고 싶은 어린이 권리 이야기를 해 볼게요.

어린이도 어른과 동등한 '사람'으로 똑같은 권리를 가지고 있어요.

어린이이기 때문에 더 특별히 중요한 권리도 있어요. 부모와 함께 살 권리, 교육받을 권리, 전쟁·폭력·학대로부터 보호받을 권리, 아동 노동을 하지 않을 권리 등이에요.

이러한 권리는 어른들이 보호해 줘야 할 의무가 있지요. 하지만 안타깝게도 어른들의 권리에 비해 어린이의 권리는 조금 늦게 이야기되었어요. 어린이를 존중해 줘야 한다고 생각하게 된 것 역시 오래되지 않았지요.

 불공평해, 불공평해! 어린이도 권리가 있다고!

맞아요. 어린이에게도 어린이답게 살아갈 권리가 있고 어른들은 그 권리를 지켜 줘야 해요.

앞에서 본 것처럼 옛날에는 어린이를 덩치만 작은 사람, 어른의 소유물로 여기고 보호해 주지 않았어요. 하지만 다행히 힘들게 일하고, 건강하게 자라지 못하고, 교육받지 못하는 어린이들의 삶에 관심을 갖는 어른들이 차츰 많아졌어요.

어린이의 권리 역시 두 차례의 큰 전쟁이 끝나고 나서야 세계 여러 나라에서 관심을 갖게 되었어요. 전쟁으로 목숨을 잃은 아이들이 많았을뿐더러 부모를 잃고 길거리에서 떠돌아다니거나 나라를 잃은 아이들이 많아졌기 때문이에요.

그래서 세계 여러 나라의 대표들이 유엔에 모여 세계의 모든 어린이와 청소년이 누려야 할 권리에 대해 의논했어요. 아동을 권리를 가진 인격체로 보고, 전 세계 18세 미만의 모든 아동이 안전하고 행복하게 자라도록 하기 위한 약속을 정했지요. 그 약속이 바로 유엔 아동 권리 협약이에요.

이 협약은 1989년 유엔 총회에서 만장일치로 정해졌어요. 세계의 모든 어린이와 청소년이 누려야 할 권리가 법으로 보호받게 된 첫걸음이었답니다. 우리나라는 1991년에 협약을 지키겠다고 약속했고, 전 세계적으로 현재 196개 나라가 가입했어요.

유엔 아동 권리 협약에 가입한 나라는 어린이들을 안전하게 지켜 주고 어린이 인권 교육을 하고 법을 만드는 등의 노력을 해야 하지요.

어떤 노력이 필요한지 유엔 아동 권리 협약에서 중요하게 생각하는 네 가지 권리를 보며 자세히 살펴볼까요?

어린이에게는 생존의 권리가 있어요. 안전한 환경에서 살고, 충분한 영양을 섭취하고, 필요한 의료 혜택을 누릴 권리를 말합니다.

보호받을 권리도 있어요. 학대와 폭력, 아동 노동, 차별과 같이 어린이에게 해로운 상황으로부터 보호받아야 해요.

또 발달의 권리가 있어요. 어린이가 교육받고 잘 쉬고 문화생활을 즐기며 자신의 능력을 발달시킬 수 있어야 하지요.

참여의 권리도 있어요. 어린이도 자신의 일에 의견을 자유롭게 말할 수 있어요. 원하는 모임이나 집회에 참여해 목소리를 낼 수 있고, 그 의견은 존중받아야 해요.

어른들이 유엔 아동 권리 협약의 내용을 잘 알아야 어린이의 인권을 옹호해 줄 수 있어요. 하지만 어린이의 관심도 꼭 필요해요. 무엇이 인권 침해이고, 어떤 권리를 보장받아야 하는지 알아야 내 권리는 물론 다른 사람

의 권리를 존중하는 인권 옹호자가 될 수 있겠지요?

 우리가 관심을 가져야 한다니 더 알고 싶다!
 맞아, 맞아! 우리나라는 어땠는지 궁금해!

우리나라 어린이 인권 이야기를 하려면 시간을 1930년대로 거슬러 올라가야 해요. 일본이 우리나라를 강제로 지배하던 시대였어요. 어른들은 일본이 일으킨 전쟁에 끌려가 희생당하고, 우리 땅에서 난 곡식과 물자도 빼앗겼어요.

어린이들은 학교에서 우리나라 말을 쓰지 못하고 일본어로 공부해야 했어요. 우리나라 역사와 문화도 배우지 못했어요. 먹고살기 위해 어린 나이에 힘들게 일하는 어린이들도 많았지요.

당시에도 그런 어린이들의 삶을 안타까워하고 어린이를 위해 애쓴 사람이 있었어요. 그 사람이 누구인지, 어린이를 위해 무엇을 했는지 궁금하지 않나요?

> **QUIZ**
> 나는 누구일까요?

빈칸에 공통으로 들어갈 낱말을 맞혀 보세요.

옛날 어른들은 나이가 어린 아이들을 '애녀석', '아해놈'으로 낮춰 불렀어요.
방정환 선생님은 어른들이 함부로 대하는 어린아이들을 귀하게 여겼어요. 그리고 아이도 인격을 갖춘 완벽한 사람이니 예의를 갖추어 대해 줄 것을 주장했어요.
방정환 선생님은 '○○○'라는 말을 만들고 존중해 주자고 말했어요. 아이들이 즐겁게 놀 권리를 지켜 주기 위해 '○○○날'을 만들었고요, 재미있게 읽을 잡지 '○○○'도 펴냈지요. 아이를 어른과 똑같은 사람으로 존중하길 바라고, 아이가 행복한 세상을 만들기 위해 애쓴 방정환 선생님의 노력 덕에 아이들은 5월 5일을 즐겁게 보내고 있답니다.
빈칸에 공통으로 들어갈 세 글자 낱말이 무엇인지 알겠지요? 바로 '어린이'예요. 방정환 선생님은 1923년, 세계 최초로 어린이 인권에 관한 글도 발표했어요. 유엔 아동 권리 협약보다 먼저였지요. 내용을 살펴볼까요?

 유엔 아동 권리 협약보다 먼저라니, 멋져!

 맞아, 맞아. 우리집 거실에 붙여 놓을 거야.

어린이 권리 공약 3장

"어린이를 종래의 윤리적 압박으로부터 해방하여 완전한 인격적 대우를 허용하고,"
"어린이를 재래의 경제적 압박으로부터 해방하여 연소 노동을 금지하며,"
"어린이가 배우고 즐겁게 놀 수 있는 가정과 사회 시설을 보장할 것."

유엔 아동 권리 협약이 왜 중요할까요?

여러분의 궁금증을 해결하기 위해 유엔 아동 권리 협약의 내용을 자세히 알아보기로 해요. 어린이가 보장받아야 할 권리가 빼곡하게 담겨 있답니다. 100쪽에서 내용을 확인하고 올까요?

 내가 보호받을 수 있는 권리가 정말 많다.
 맞아, 맞아. 사생활을 보호받을 권리가 완전 맘에 들어.

그런데 생명을 지키는 데 필요한 먹을 것, 입을 것, 잘 곳이 마련되어 있다고 해도 전쟁과 같은 위험한 상황이

닥친다면 어린이가 안전하게 보호받을 수 있을까요? 어린이의 몸과 마음이 건강하게 자랄 수 있을까요?

또 어린이를 안전하게 보호해 주고 건강하게 자랄 수 있도록 보듬어 주는 어른이 없다면, 어린이가 자신의 의견을 자유롭게 표현하고 사생활을 보호해 달라고 말할 수 있을까요?

아마 힘들 거예요. 유엔 아동 권리 협약 각각의 조항들은 서로 가깝게 연결되어 있어서 하나라도 지켜지지 않으면 다른 권리마저도 지켜지기 어려워요.

예를 들어 볼게요. 어떤 나라가 1989년에 유엔 아동 권리 협약을 지키겠다고 약속했어요. 이 나라에서도 14세 미만의 아동은 모든 형태의 노동을 할 수 없어요. 그런데 노동 중에 집안일을 하는 가사 노동이 포함되어 있지 않대요. 즉 14~18세의 아동이 가사 노동을 하는 건 합법이라는 이야기지요. 이 나라가 아동 인권을 위해 노력하는 나라라고 볼 수 있을까요? 아니라면 이 아이들은 어떤 권리를 침해받고 있는 걸까요?

 제32조 노동으로부터 보호받을 권리를 침해받았어.

또 있어, 또 있어. 가사 노동을 하는 어린이들은 학교에 제대로 못 다녀. 그러니 제28조 교육받을 권리도 침해받은 거지.

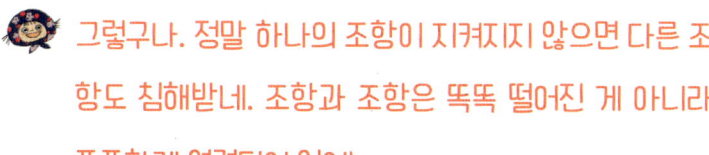

그렇구나. 정말 하나의 조항이 지켜지지 않으면 다른 조항도 침해받네. 조항과 조항은 똑똑 떨어진 게 아니라 쫀쫀하게 연결되어 있어!

맞아, 맞아. 이제 확실하게 알겠지?

여러분도 이제 알겠지요? 이 나라가 아동 인권을 위해 노력하고 있다고 보기 힘든 이유가 아주 확실하게 존재한다는 것을요.

사실, 이 나라만 그런 건 아니에요. 지금도 어린이의 권리가 잘 지켜지지 않는 일은 세계 곳곳에서 벌어지고 있어요. 전쟁으로 부모를 잃고, 자신의 나라를 떠나 난민이 되고, 어른들에게 학대받는 아이들에 대해 여러분도 들어 본 적 있을 거예요.

또 다른 나라 역시 아동 인권을 침해하는 부분을 고치라고 지적받았어요. 이 나라는 1991년에 유엔 아동 권리 협약에 가입했어요. 그리고 2019년 겨울, 이 나라의 청소년들이 스위스 제네바에 있는 '유엔 아동 권리

위원회'의 초청을 받고 직접 가서 아동·청소년들의 현실에 대하여 이야기했어요.

  유엔 아동 권리 위원회 위원들은 이 나라의 학생들이 겪는 인권 문제 중 공부 때문에 받는 고통에 크게 관심을 가졌어요. 입시 때문에 학업 스트레스가 높고 놀 권리를 보장받지 못하는 점, 사생활과 표현의 자유를 침해받는 점 등을 심각하게 생각했지요.

위원들은 학생들이 대학 입학이 목표인 교육이 아니라 숨은 능력을 발휘할 수 있는 교육을 받아야 한다고 강조했어요. 아이들을 성적으로 차별하지 말고, 과도한 사교육을 줄이고, 충분한 휴식과 놀이를 즐기도록 교육 제도를 고치라고 정부에 요구했답니다.

이 나라가 어디냐고요? 바로 우리나라랍니다. 여러분과 같은 우리나라 어린이와 청소년은 어떤 권리를 침해받고 있을까요?

으악, 우리나라 이야기라니! 최악이야!

나 엄청 빨리 찾았어. 제12조 의견 말할 권리, 제31조 취미와 여가 생활, 또…… 와, 무지 많은데?

협약에 가입한 나라의 정부는 아동 권리를 보장하기

위해 노력하고 있지만, 어떤 부분에서는 어린이들의 삶이 불행할 수도 있어요.

우리가 알아본 것처럼 조항끼리 밀접하게 연결되어 있어서, 어떤 나라가 "우리는 이렇게 아동 인권을 위해 노력하고 있습니다. 하지만 그중 몇 개는 지키겠다고 약속 못 하겠어요." 하고 말한다면 그 나라는 아동 인권을 보호한다고 말하기 어려워요.

우리나라 역시 유엔 아동 권리 위원회에서 권한 것처럼 어린이가 지나친 학업 부담 없이 더 안전하고 행복하게 살아갈 수 있도록 끊임없이 노력해야 해요. 여러분 생각에는 노력하는 것 같나요?

THINK

" 지금 가장 필요한 권리 찾기 "

쿵이와 짝이처럼 여러분에게 필요한 권리 조항을 써 보세요.

이름	조항	고른 까닭
쿵	제29조 재능을 계발하는 교육 받기	학교도, 학원도 재미없는 공부만 해서 힘들어. 내가 원하는 걸 배우고 싶어.
짝	제16조 사생활 보호받기	내 휴대 전화 비밀번호 부모님께 알려 주기 싫어. 왜 내 카톡을 공개해야 하는 걸까?

어른들은 왜 자꾸 기다리라고 할까요?

"아유, 나라가 잘살아야 인권도 지켜지는 거지. 가난하면 그런 권리를 알 수나 있어?"

"그러게나 말이야. 좀 기다릴 줄도 알아야지. 먹고살기도 힘든데, 애들 권리까지 어떻게 다 따지고 사나?"

"공부를 잘해야 자유와 평등과 권리를 이해할 수 있지. 학교 열심히 다니고 어른들 말 잘 들으면 저절로 권리가 지켜지는 거야."

"아이들이 자기 권리만 내세워서 문제야."

이런 말을 하는 어른이 주위에 있나요?

🌸 난 많이 들었던 말이야. 그런데 권리가 저절로 지켜지는 건 아니었잖아. 나한테는 지금 필요한 권리가 있는데.

🌸 맞아, 맞아. 그런데 왜 어른들은 아니라고 할까?

🌸 나도 궁금해. 왜 기다리라고 하는 걸까? 권리에 순서가 있는 게 아닌데.

🌸 알고 싶어. 궁금해, 궁금해!

쿵이와 짝이가 알고 있는 것처럼, 권리는 순서대로 기다렸다 받는 게 아니에요.

두 차례의 세계 대전 이후 어른들이 고통받는 어린이들에게 관심을 두게 되었다고 이야기했죠? 우리나라 역시 전쟁으로 힘든 시기가 있었어요.

1945년, 우리나라는 일본으로부터 독립했지만 얼마 지나지 않은 1950년에 한국 전쟁이 일어났어요. 많은 사람이 죽었지요. 건물이 무너지고 농사지을 땅이 망가졌어요. 먹을 것이 부족하고 경제적으로 어려운 상황에 부닥쳤지요.

그러다 보니 당장 오늘 먹고 내일 살아가는 일에 몰두할 수밖에 없었어요. 어린이들은 건강하고 안전하게 살지 못했어요. 길거리에서 구걸하거나 힘든 노동을 하기도 했지요.

그 이후 산업화 시대에는 나라를 잘살게 만들어야 한다며 나라를 위해 국민들의 권리는 나중으로 미뤄도 된다고 주장했어요. 독재 정치가 계속되던 시대에는 인권, 평화와 같은 가치가 짓밟혔고요. 어두웠던 그 시대를 벗어나 민주주의 사회가 된 뒤에야 비로소 우리나라에서도 '인권'이라는 말을 꺼내기 시작했어요.

그러나 아동 인권은 한참 뒤로 밀려나 있었지요. 1991년 유엔 아동 권리 협약에 가입한 뒤 조금씩, 조금

씩 아동 인권 의식이 싹트고 법으로 어린이의 권리를 지키도록 노력하고 있어요.

　인권의 역사가 민주주의와 함께한다는 이야기가 우리나라에도 딱 맞는 것 같지요? 그러니 여러분, 어른들이 잠깐 기다리라고 말한다면 당당하게 말해도 돼요.

❝ 인권은 누군가 지켜 줄 때까지 기다리는 게 아니에요. 다른 것과 거래하거나 양보하는 것도 아니에요. 다른 사람의 권리를 지켜 준 다음에 내 권리를 보장받는 것도 아니에요. 모든 사람은 태어날 때부터 동등한 권리를 갖고 있다고요! ❞

　방정환 선생님의 말씀처럼 '어린이'는 그 자체로 인격이 있는 존재인걸요. '작은 어른'도 아니고 어른이 되는 과정도 아니에요. 여러분의 생각과 행동과 감정은 자유롭게 표현할 수 있어야 하고 존중받아야 한답니다.

　또한 인권은 순서가 있는 것도 아니고, 어른이 되면

생기는 것도 아니에요. 잘살게 될 때까지 기다리는 것도 아니고, 국가가 개인보다 먼저도 아니에요.

　우리는 앞에서 분명히 이야기했어요. 국가의 존재 이유는 한 사람, 한 사람의 인권을 지켜 주는 것이라고요. 국가가 먼저라며 개인의 인권을 소홀히 여기고 자유를 제한하는 것이나 국민이 인권을 이해할 수 있도록 교육하지 않는 것 자체가 인권 침해랍니다.

 혹시, 어른들이 인권을 잘 모르는 걸까?
 진짜, 진짜, 그런 걸까?

　맞아요. 권리가 무엇인지 정확하게 모르기 때문이에요. 권리를 보장받은 경험이 적기 때문일 수도 있어요. 안타깝게도 지금 여러분 주위의 어른들 대부분은 학교에 다닐 때 인권, 권리라는 말을 자주 접해 보지 못하고 자랐어요. 그러니 어린이에게 인권이 있다는 말은 아주 새롭고 놀라운 이야기 아니겠어요?

다행히 예전에는 보장받지 못했던 권리를 현재의 어린이들에게는 지켜 주기 위해서 노력하고 있어요. 조금이라도 더 안전하게 자라고 보호받으며 생각을 표현할 수 있도록 해 줄 방법을 고민하는 사회가 되었어요.

그럼에도 불구하고 아주 당당하게 어린이를 무시하고 차별하는 사람들도 있지요. 자신과 관련 있는 일이 아니라고 고통받는 어린이를 모른 척하는 어른도 있고요. 편견과 선입견으로 어린이를 무시하고 배척하는 경우도 있어요.

차별은 조금 나아진다고 만족할 수 있는 게 아니라 아예 없어져야 해요. 조금의 차별도 존재해서는 안 돼요. 지금도 그걸 잘 모르는 사람들이 "다 너희를 위한 거야.", "옛날에 비하면 차별이 많이 줄어들었지!"라며 어린이 차별을 당당히 말하고 있어요.

그러니까 여러분, 아동 인권을 잘 모르고 함부로 말하는 어른들이 있다면, 여러분이 지치지 말고 계속 말해야 합니다. 한 번 더 외쳐 보세요.

> 어린이에게도 권리가 있어요!
> 나를 함부로 대하지 말아 주세요!
> 우리를 소중히 여겨 주세요!

사람들이 무심코 내뱉는 말에 어린이를 성별이나 나이, 학교 성적으로 차별하는 생각이 담겨 있을 때가 있습니다. 차별하는 표현을 권리를 담은 표현으로 바꿔 주세요. 그리고 함부로 말하는 사람들에게 외쳐 봅시다. 상처 주는 말은 싫어요!

예) 그 친구 공부 잘해?
→ 그 친구는 뭘 좋아해? / 그 친구랑 어떤 점이 잘 통하니?

- 크면 다 알게 돼. 지금은 몰라도 돼.
→

- 넌 아직 어려서 할 수 없어.
→

- 언니(형, 누나, 오빠)면서 그것도 못 참니?
  →

- 형(언니, 누나, 오빠) 좀 닮아라.
  →

- 누구는 수학 경시 대회 상을 받았는데, 너는 왜 못 받니?
  →

- 여자가 왜 그렇게 말이 많니?
  →

- 남자가 마음이 약해서 어쩌려고 그래?
  →

어떤 권리를 침해받은 걸까요?

- 소중한 내 권리를 당당하게 주장하고 싶어!
- 나도, 나도. 내 권리도 누리고 다른 사람의 권리도 지켜 주고 싶어!
- 그러기 위해서 기다릴 수만은 없어!
- 근데 우리보다 어른들이 할 일이 더, 더 많지 않을까?
- 어른들도 잘 모르는 것 같은데?
- 도대체 누가 뭘 해야 하는 거야. 궁금해, 궁금해!

어린이의 인권을 지키기 위해서는 물론 어른들이 할 일이 많을 거예요. 그런데 인권에 대해 여러분보다 모르는 어른이 있을 수도 있어요. 그러니 국가가 할 일이 많다고 하는 거예요.

앞에서 우리나라 헌법을 살펴보았지요? 법에 '인권을 보호하겠다'라는 내용이 정확하게 쓰여 있었잖아요. 차별하면 안 된다고도 밝혀 놓았잖아요.

국가는 국민들이 서로 권리를 존중하고 존중받으며 자유롭고 평등하게 살 수 있도록 노력해야 해요. 어린이를 차별하거나 괴롭히면 엄하게 처벌하고 인권 교육을 실시해야 해요. 그래야 '인권 감수성'이 높아질 수 있거든요.

인권 감수성은 일상생활에서 보고 겪는 사건에서 조금이라도 인권 침해를 느낀다면 잘못되었다고 말할 수 있도록 언제나 인권을 민감하게 생각하는 것입니다.

예를 들면 몸집이 작은 어린이가 공중화장실 변기를 사용할 때 보조 변기가 없다면 어떨까요? 앉는 부분이 커서 엉덩이가 쑥 빠질 수도 있고 변기가 높아서 혼자 화장실을 사용 못 할 수도 있어요.

　인권 감수성이 높은 사람은 문제를 발견했을 때, 불편해도 참으라고 가르치기보다 어린이도 혼자 안전하게 화장실을 사용할 수 있도록 바꿔 달라고 요구할 거예요. 즉, 개개인이 인권의 중요성을 이해하고 자신과

타인의 권리를 보호하기 위해 실천하는 것이지요.

그렇게 인권 감수성을 높이는 교육을 받은 여러분은 자신과 타인의 권리를 존중할 수 있어요. 무엇이 인권 침해이고, 어떤 권리를 침해받은 것인지 아직 잘 모르겠다면 유엔 아동 권리 협약을 찾아보면 됩니다.

이제 여러분처럼 인권 의식이 싹트고 있는 동글이의 이야기를 만나 볼까요? 빈칸을 채우며 동글이에게 해당하는 권리가 무엇인지 함께 생각해 봐요.

"이야기 하나,

우리 동네에는 내가 들어갈 수 없는 공간이 있어요. 어린이에게 위험한 곳이냐고요? 아니에요. 정원이 예쁜 카페예요. 동네에서 유명해져서 부모님과 함께 갔는데, 어린이는 들어올 수 없다고 했어요. 왜 그런지 이유를 물어봤더니 카페 운영 원칙이래요. 어린이들이 시끄럽고 가게 장식품도 망가뜨린다는 거예요."

이날 동글이가 침해받은 권리는
제2조 _____ 예요.
무엇이 문제일까요?

 한마디로 나이가 어리다는 이유로 차별받은 거지!!

맞아요. 사람은 나이, 성별, 인종, 국적, 종교, 학력, 신체 장애 등 무엇으로도 차별받지 않을 권리가 있어요. 그런데 동글이가 방문한 카페는 '노 키즈 존'으로, 어린이는 매장 안에 들어오지 못하도록 '나이'로 차별하는 곳이에요. 어린이가 시끄럽게 한다거나 다칠 위험이 있다는 등의 이유로 출입을 금지하는 거지요.

어린이는 어떠한 이유로도 차별을 받아서는 안 되므로, 나라는 모든 어린이에게 모든 권리가 보장되도록 보호해야 해요.

"이야기 둘,

아빠 손에 이끌려 미용실에 왔어요. 나는 내 큰 눈을 반쯤 가리는 앞머리가 참 좋아요. 고개를 샤삭 흔들면 머리카락이 찰랑거려 기분이 좋고, 가끔 수업 시간에 졸려서 눈이 감겨도 가려지거든요. 그런데 아빠는 앞머리가 너무 길어서 보기 싫고 공부에 방해된다며 잘라야 한대요. 결국 일요일 아침에 미용실에 와 앉았어요. 내 머리카락은 내 것 아닌가요?"

이날 동글이가 침해받은 권리는
제12조 _____ 예요.
무엇이 문제일까요?

 동글이도 좋아하는 머리 스타일을 할 권리가 있다고!

그럼요. 어린이도 자신의 일을 스스로 결정할 수 있어요. 하지만 아직 어리고 성숙하지 않다는 이유로, 어른들은 어린이의 생각이나 행동을 대신 결정해 주려고 해요.
　어른들의 조언이 필요한 때도 있지만, 어린이를 위한 정책이나 규칙을 만들 때 당사자로서 참여하고 의견을 말할 수 있답니다. 어른들은 어린이에게 이로운 것을 최우선으로 생각하고 어린이의 의견을 존중해 결정해야 하지요.

　동글이가 날마다 인권을 침해받는 것만은 아니에요. 이번에는 동글이가 보장받은 권리를 알아볼까요?

이야기 셋,

학교 마치고 집에 가는데 교문 앞이 소란스러웠어요. 학교 앞 건널목에 신호등도 있고 어린이 보호 구역 표시도 크게 있는데 안 지키는 어른들이 많았어요. 학원 차도 와서 서 있었고요. 오늘 교문 앞에서부터 건널목까지 안전 구역을 노란색으로 칠했지요. 안전하게 등하교를 할 수 있게 되어 참 기뻤어요.

이날 동글이가 보장받은 권리는
제6조 _____ 예요.
무엇이 좋아진 걸까요?

 어른들이 교통사고의 위험에서 아이들을 보호했어!

여러분의 학교 앞은 어떤가요? 차들이 규정 속도와 신호를 잘 지키고 있나요? 어린이는 안전하게 생활할 권리가 있어요. 규칙이 있어도 지키지 않는 어른들 때문에 사고가 날 수 있으니, 미리 안전한 환경을 만들어서 어린이의 생명과 안전을 보호하는 것이 어른들의 몫이랍니다.

안전하게 생활할 권리가 지켜지면 어린이는 생명을 보호받을 수 있으며 신체적, 정신적으로 건강하게 발달할 권리까지 보장받게 되는 것이니까요. 물론 어린이 또한 학교 앞에서 안전 규칙을 잘 지켜야 하지요.

> **"이야기 넷,**
> 내 인생에서 열한 살 겨울 방학은 결코 잊지 못할 거예요. 부모님께 이번 겨울 방학에 영어 학원을 쉬고 암벽 등반을 배우고 싶다고 말했는데, 허락받았어요. 인권을 공부하며 알게 된 내용을 바탕으로 나에게 필요한 권리 조항과 이유를 적어서 말씀드렸더니 부모님께서 이해해 주신 거예요. 인권 공부를 한 보람이 있지요?**"**

이날 동글이가 보장받은 권리는
제12조 _____ 예요.
무엇이 좋아진 걸까요?

 어? 지난번에는 침해받았던 권리잖아! 축하해, 동글아!

　짝이의 말처럼 동글이는 지난번과 달리 운동을 배우고 싶다는 의견을 존중받았어요. 동글이가 깊이 고민하고 결정 내린 과정을 이해하고 존중해 준 것 같지요?
　동글이가 이루어 낸 일이 가치 있는 이유는 무엇일까요? 어린이가 교육받을 권리가 학교 공부만을 말하는 것은 아니기 때문이에요. 어린이는 몸과 마음이 고르게 발달할 수 있도록 교육받아야 해요. 학습뿐만 아니라 스스로 원하는 교육을 선택하고, 재능을 발견하고, 인권, 자유, 평화, 존중 등을 배우는 것 역시 아주 중요하지요. 또 하나, 동글이는 충분히 쉬고 다양한 문화, 예술 등의 활동에 참여할 권리도 누렸답니다.

> **이야기 다섯,**
> 학교 강당이 달라졌어요. 지난번 합창 대회 때 우리 반 한솔이는 무대에 힘들게 올라가야 했어요. 한솔이의 휠체어가 오르기에는 너무 높았거든요. 학교 안 다른 곳은 휠체어 경사로도 있고 노란 점자 블록도 있어요. 장애인 화장실도 1층에 있고요. 그런데 강당은 장애인 친구가 이용하기에 불편했어요. 합창 대회가 끝나고 담임 선생님과 반 친구들은 이 문제를 해결해 달라고 의견을 모아 학교에 건의했어요. 그리고 드디어 강당에 점자 블록과 휠체어 경사로가 생겼답니다.

이날 동글이 친구 한솔이가 보장받은 권리는
제23조 _____ 예요.
무엇이 좋아진 걸까요?

 장애인 친구의 권리를 모른 척하지 않았어.

　장애가 있는 어린이는 특별한 보호와 지원을 받을 권리가 있고, 비장애 어린이와 함께 교육받을 권리가 있어요. 하지만 학교에 장애 학생을 위한 보호 장치가 없다면 불편한 점이 생길 수밖에 없어요.

　동글이네 학교에는 이미 장애 학생을 위한 시설이 있지만 합창 대회처럼 예상하지 못한 상황에서 불편함을 맞닥뜨릴 수 있지요. 동글이 반 친구들과 선생님은 그런 불편함을 그냥 넘기지 않았어요. 학교는 공부만 하는 곳이 아니라 모두 함께 어울려 살아가는 방법을 배우는 곳이잖아요. 이런 모습이 자신과 다른 사람의 권리를 보장하는 바람직한 자세가 아닐까요?

생활 속에서 여러분의 권리가 얼마나 보장되고 있는지 확인해 봅시다. '그렇다'가 12개 이상 나왔다면 권리를 잘 누리고 있는 어린이랍니다.

내용	그렇다	보통이다	그렇지 않다
어떤 경우에도 차별받지 않고 동등한 권리를 누리나요?			
원할 때 충분히 쉬고 놀 수 있나요?			
나와 관련된 일을 결정할 때, 의견을 자유롭게 말할 수 있나요?			
자유롭게 모임을 만들거나 참여할 수 있나요?			
학급 규칙, 급식 메뉴, 현장 학습 등을 결정할 때 의견을 말할 수 있나요?			
숨기고 싶은 비밀이나 사생활을 보호받고 있나요?			

내용	그렇다	보통이다	그렇지 않다
좋아하는 것을 배우고 교육받을 권리를 누리고 있나요?			
장애가 있는 어린이가 보호받고 있나요?			
피부색, 성별, 나이, 종교 등으로 차별받지 않고 있나요?			
건강을 위한 음식과 물 등을 적절하게 제공받고 있나요?			
아플 때 적절하게 치료받을 수 있나요?			
어른들이 여러분을 안전하게 돌봐 주고 있나요?			
폭력이나 학대를 받지 않을 권리가 지켜지고 있나요?			
필요한 것을 요청할 사람이나 장소가 가까이 있나요?			
학교나 마을 주변의 시설물(건널목, 놀이터 등)은 안전한가요?			

이 문제를 누가 해결할 수 있을까요?

 동글이 정말 멋지다. 나도 앞으로 가만히 있지 않을래.

 근데 어른들이 들어줄까? 걱정, 걱정이야.

어른들이 어린이의 이야기에 귀 기울여 주지 않을 것 같다고요? 너무 걱정하지 마요. 방정환 선생님 말씀처럼 어린이들 곁에는 손을 잡아 주고 발맞추어 걸어가는 어른들이 있어요. 여러분 주변에는 함께 목소리를 높여 줄 사람들이 누가 있을까요? 또 여러분은 어린이로서 무엇을 어떻게 할 수 있을까요?

다시 동글이 이야기를 해 볼게요. 동글이는 열한 살,

초등학교 4학년이에요. 가족과 함께 대한민국 경기도에 살아요. 얼마 전부터는 암벽 등반을 배워요.

노 키즈 존 카페에서 차별을 경험한 동글이는 무엇을 할 수 있을까요? 그 카페를 안 가면 될까요? 인터넷에 악평을 남길까요? 물론 그것도 의견을 표현하는 자유라고 할 수 있어요.

하지만 차별은 주로 사회에서 힘이 약한 사람들을 향해 나타나요.

어린이가 차별받을 수 있다는 건 어른이어도 나이에 따라 차별받을 수 있다는 거예요. 외국인을 차별한다면, 여러분이 외국에 갔을 때 차별받을 수 있다는 뜻이고요. 또 장애인, 난민 등 사회적 약자를 차별하는 게 정당해질 수도 있어요.

동글이는 차별이 왜 옳지 못한지 자료를 찾아볼 수 있어요. 친구들이나 어른들에게 노 키즈 존에 대한 생각을 물어볼 수도 있어요. 다양한 의견을 모아서 노 키즈 존 카페에 의견을 전달할 수 있을 거예요. 카페에 갈 때 어른들과 함께 가서 도움을 받을 수도 있어요.

누구도 어린이라서 참아야 한다고, 어린이를 위한 결정이니 어른의 의견에 따라야 한다고 말하면 안 돼요. 어린이도 적극적으로 의견을 내고 행동해야 해요. 사소한 일이니 참으라고 말해도, 네가 예민한 거라고 편잔을 줘도, 그냥 넘기면 안 돼요. 그건 편견이고 차별이라고, 잘못되었다고 말해야 합니다.

동글이가 머리 모양에 대한 의견을 무시당하고 가만히 있었을까요? 그러지 않았어요. 어린이 인권을 공부하며 알게 된 내용을 바탕으로 자신의 생각을 솔직히 말했어요. 왜 그 의견을 존중해 줘야 하는지 까닭도 찬찬히 말했지요. 그랬기 때문에 그 이후 암벽 등반에 대한 의견을 존중받을 수 있게 된 거예요.

또 동글이네 학교 앞에 노란색 페인트를 칠해 학생들의 안전을 지키기 위해 누가 노력했을까요? 동글이네 학교 학생들은 자신들의 안전할 권리를 지켜 달라고 학교에 요구했어요. 학생회에서는 학생들의 의견을 모은 자료를 들고 경찰서에 찾아갔어요. 선생님들과 부모님들은 시청과 경기도 교육청에 학생들의 안전을 보장해 달라며 개선을 요구했지요.

한솔이를 위해서도 가만히 있지 않았어요. 반 친구들과 담임 선생님은 교장 선생님에게 장애인 친구가 강당을 편히 이용할 수 있도록 바꿔 달라고 요청했어요. 학교에서는 회의를 해서 이 요청 사항에 대해 의논하고, 강당을 공사하기로 했지요. 모두의 노력이 모여서 동글이와 친구들은 오늘도 안전하고 편안하게 학교에 다니고 있답니다.

어때요, 한 사람만의 노력이 아니죠? 어린이도 어른도 각자 자신이 할 수 있는 일을 찾았기 때문에 문제를 해결할 수 있었어요. 어린이의 인권을 보호하는 게 당연하다고 생각만 한다면 아무것도 바뀌지 않아요.

우리는 권리를 누리는 주인공이기도 하지만, 다른 사람의 권리를 지켜 줄 의무도 있어요. 다시 말하면, 어린이 역시 인권을 누리는 사람이기 때문에 타인의 권리를 위해 실천하고 행동할 수 있는 사람이랍니다.

어린이가 자신의 의견을 당당하게 이야기하고 어른들이 귀담아 들어준다면, 분명 바뀔 수 있어요.

어린이가 자신의 권리를 지켜 달라고 누구에게 요구할 수 있을까요? 권리를 지켜 줄 수 있는지 아닌지 ○표 해 보세요.

내용	그렇다	그렇지 않다
부모님과 같은 나의 양육자		
학교, 학원 같은 곳의 선생님		
지역의 아동 관련 기관		
지역의 아동 복지 담당 공무원		
시 의원, 국회 의원과 같은 정치인		
경찰, 119 구급대 같은 기관		
국가 인권 위원회 같은 인권 관련 기관		
'나'와 같은 어린이와 청소년		
안전 신문고나 SNS 같은 온라인 서비스		
방송국・신문사와 같은 언론 매체		

정답은 모두 ○예요.

먼저 여러분이 도움을 요청할 수 있는 가까운 사람들이 있어요. 부모님과 같은 양육자와 친척들, 그리고 학교나 학원, 지역 아동 기관 등의 선생님들이 있어요. 이분들은 항상 여러분의 목소리에 귀 기울여 줄 사람들이에요.

아는 사람에게 말하기 힘들면 다른 곳에서 도움을 받을 수 있어요. 경찰서나 119 구급대에 전화를 할 수 있고요, 지역 아동 기관이나 주민 센터의 아동 담당자를 찾아가서 이야기할 수도 있어요.

또는 '안전 신문고'라는 휴대폰 애플리케이션이나 시청 홈페이지와 같은 곳에 민원을 접수할 수 있어요. 지역의 정치인이나 공무원도 여러분을 위해 일하고 있고, '국가 인권 위원회'라는 기관도 우리나라 국민의 인권 문제를 위해 노력하고 있답니다.

어린이의 권리를 지키는 방법은 정말 많아요. 그런데 여러분, 잊지 않았지요? '나'와 같은 어린이와 청소년

역시 인권의 주인공이라는 것을요. 여러분 모두 동글이처럼 할 수 있다는 것을요.

동글이는 위험한 등하굣길이 안전해지길 바랐고, 친구 한솔이도 강당을 똑같이 이용하길 바랐어요. 자신의 바람이 여러 사람의 의견과 함께 모이고, 어른들의 도움까지 합해져 바뀌는 걸 보니 동글이는 뿌듯했어요.

동글이는 여기서 멈추지 않을 거예요. 동글이네 시에는 아동과 청소년이 자신과 관련된 일에 직접 참여할 수 있는 제도가 있어요. 동글이는 내년에 꼭 참여할 거래요. 여럿이 뭉쳐야 큰 목소리를 낼 수 있거든요.

우리가 사는 사회에는 자신의 권리를 당당히 주장하는 사람들도 있지만 자신의 권리를 지키기 위해 나서기 힘든 사람도 있을 거예요. 혼자서는 힘이 약할 수 있어요. 그럴 때 힘을 보태 주는 사람들이 있어서 결국 사회를 살기 좋은 방향으로 바꾼답니다.

여러분의 인권이 잘 지켜지고 있지 않나요?
아래의 내용을 담아서 권리 보장을 요청해 봅시다.

1. 어떤 권리가 어떻게 침해되었나요?
2. 권리를 지켜 주어야 하는 근거가 무엇인가요?
3. 권리 보장을 위해서 바라는 것이 무엇인가요?
4. 누구에게 말할 수 있나요?

예) 나 '동글이'는 어린이가 카페를 이용할 권리를 침해받았습니다.
　　'유엔 아동 권리 협약 제2조 차별 금지 조항'을 근거로
　　'노 키즈 존을 없애 어린이 권리를 지켜 줄 것'을
　　우리 지역 어른들에게 요청합니다.

큐알 코드를 스캔하면 오른쪽 독후 활동지를 출력해 쓸 수 있어요.

권리를 지켜 주세요

내일 이곳, 우리의 인권

앞에서 보았던 광장과 다른 점을 찾았나요? 머릿속에 떠오른 생각을 자유롭게 이야기해 보세요.

다양한 아이들이 어울려 노는 안전한 놀이터를 보았어요. 어린이 보호 구역에서 차들이 교통 법규를 잘 지켜 어린이들이 건널목을 안전하게 건넜지요. 사람들이 어린이 차별을 반대하는 피켓을 들고 있었어요. 어린이를 반겨 주는 장소도 보았지요.

이 모든 상황을 설명할 수 있는 단어는 무엇이 있을까요? 그 단어를 떠올려서 우리가 지나온 광장에 이름을 붙여 볼까요?

당연하다고 생각하는 일이 당연해진 미래의 어느 날, 우리는 권리를 침해받는다는 생각을 잊고 살지도 몰라요. 바로 앞 광장의 모습처럼요.

여러분의 내일을 눈 감고 상상해 보세요. 그림 속 사람들처럼 인권을 보호받는 순간이 오겠지요?

지금 여러분이 그리는 장면은 결코 상상으로 머물지 않을 거예요. 그 장면은 인권의 주인공인 여러분이 만들어 갈 행복한 미래가 될 거예요.

이제 여러분에게는 나와 다른 사람의 권리를 지킬 힘이 가득 채워졌답니다. 우리 그 힘을 믿도록 해요.

어린이 인권 옹호 선언문

광장 입구에 어린이 인권 선언문을 붙이려고 해요.
여러분이 새롭게 선언문을 만들어 주세요.
나와 다른 사람의 인권을 지키기 위한
여러분의 다짐과 꿈을 생각해 보고 빈 곳에 써 보세요.

큐알 코드를 스캔하면 오른쪽 독후 활동지를 출력해 쓸 수 있어요.

어린이 인권 옹호 선언문

나 _____ 은(는) 어린이 인권을 옹호하는 사람으로, 나와 다른 사람들의 인권을 소중히 여기겠습니다.

또 어린이 인권을 알리고 보호하기 위해

_____

_____

것을 선언합니다.

20   년   월   일

_____ 서명

선언문 모아 보기

유엔 아동 권리 협약

세계 인권 선언

에글렌타인 젭이 발표한
최초의 아동 권리 선언문

방정환 : 1923년 어린이 선언
어른에게 드리는 글 / 어린 동무들에게

유엔 아동 권리 협약

　유엔 아동 권리 협약은 18세 미만의 어린이가 안전하고 행복하게 자라고 인권을 보장받도록 약속한 협약이에요. 어린이를 권리를 가진 주체로 보고 보호권, 생존권, 발달권, 참여권에 관한 내용을 담았지요. 이 협약은 1989년 11월 20일 유엔 총회에서 만장일치로 채택되었어요. 유엔 아동 권리 협약의 조항 중 어린이가 꼭 알아야 하는 40개 조항을 함께 살펴보아요.

　제1조 아동의 범위는 특별히 따로 법으로 정하지 않는 한 18세 미만까지로 한다.

　제2조 모든 아동은 인종이나 성별, 종교, 사회적 신분 등에 따른 어떤 종류의 차별로부터도 보호받아야 한다.

　제3조 당사국 정부는 아동의 이익을 최우선으로 고려하여 정책을 수립하고 시행해야 한다.

　제4조 당사국 정부는 본 협약이 인정한 아동의 권리 실현을 위해 적절한 행정적, 입법적 조치를 취해야 한다.

제5조 당사국 정부는 아동의 부모 또는 보호자가 아동의 능력 발달에 맞도록 적절한 감독과 지도를 행할 책임을 가지고 있음을 존중해야 한다.

제6조 모든 아동은 생명을 존중받을 권리를 가지고 있으며, 당사국 정부는 아동의 생존과 발달을 최대한 보장해야 한다.

제7조 모든 아동은 이름과 국적을 가질 권리를 지니며, 부모가 누군지 알고, 부모로부터 양육받을 권리를 지닌다.

제8조 당사국 정부는 이름과 국적, 가족 관계 등 아동의 신분 보장을 위해 필요한 사항들을 법률로써 보장해야 한다.

제9조 모든 아동은 아동의 이익이 침해당하는 경우가 아닌 한 부모와 함께 살 권리를 지니며, 부모와 떨어져 살 경우 부모를 만날 권리를 가진다.

제10조 당사국 정부는 아동 또는 부모가 서로 간의 면접을 위해 출국이나 입국을 신청할 때 이를 신속히 받아들여 부모와 자녀 간에 관계를 유지할 수 있도록 보장해야 한다.

제11조 당사국 정부는 아동의 불법 해외 이송 및 강제 해외

체류를 막기 위해 협정 체결 등의 조치를 취해야 한다.

제12조 당사국 정부는 모든 아동이 자신에게 영향을 미치는 사건에 대해 의견을 말할 권리를 보장하여야 하며, 아동의 견해에 정당한 비중을 두도록 해야 한다.

제13조 모든 아동은 표현의 자유를 지니며, 국경과 관계없이 모든 종류의 정보와 사상을 접하고 전달한 권리를 가진다.

제14조 모든 아동은 사상과 양심, 종교의 자유를 가진다.

제15조 모든 아동은 평화로운 결사와 집회의 자유를 가진다.

제16조 모든 아동은 가족이나 가정, 통신 등 사생활에 있어 위법적인 간섭을 받지 않을 권리와 명예에 대하여 위법적인 공격을 받지 않을 권리를 지닌다.

제17조 모든 아동은 국내와 국외로부터 필요한 정보를 얻을 수 있어야 하며, 대중 매체는 아동에게 유해한 정보를 지양하고 이익이 되는 정보만을 제공해야 한다.

제18조 부모는 아동 양육에 공동 책임을 져야 하며, 당사국

정부는 부모가 이러한 책임을 다하도록 지원해 주어야 한다.

제19조 모든 아동은 폭력과 학대, 유기로부터 보호받아야 하며, 당사국 정부는 아동 학대를 막고, 학대로 고통받는 아동을 보호하기 위한 조치를 취해야 한다.

제20조 당사국 정부는 가족이 없는 아동에게 양부모나 보호 시설 등을 제공해서 특별히 보호해야 하며, 시설을 선택할 때는 아동의 인종이나 종교, 문화적인 배경을 충분히 고려해야 한다.

제21조 입양 제도를 인정할 경우 당사국은 입양을 결정함에 있어 아동의 이익을 최우선적으로 고려해야 하며, 권위 있는 관계 당국에 의해서만 입양이 이루어지도록 보장해야 한다.

제22조 당사국 정부는 난민 아동이 특별한 보호를 받을 수 있도록 적절한 조치를 취하여야 한다.

제23조 당사국은 장애 아동이 인격을 존중받고 자립하여 사회 참여를 할 수 있도록 특별한 보호와 교육을 제공하여야 한다.

제24조 당사국 정부는 아동이 최상의 건강 수준을 누릴 수

있도록 아동에게 적절한 보건 서비스를 제공해야만 한다.

　제25조 당사국 정부는 보호나 치료의 목적으로 관계 당국에 의해 양육 지정된 아동의 양육 상태를 정기적으로 심사하여야 한다.

　제26조 모든 아동은 사회 보험을 포함, 사회 보장 제도의 혜택을 받을 권리를 가진다.

　제27조 모든 아동은 신체적, 정신적, 사회적 발달에 적합한 생활 수준을 누릴 권리를 가진다. 부모는 아동의 발달에 필요한 생활 여건을 확보하는 1차적 책임을 지며 당사국 정부는 부모가 책임을 완수하도록 보장하여야 한다.

　제28조 당사국 정부는 모든 아동이 균등한 교육의 기회를 가지고 있음을 인정하고 초등 교육을 의무화해야 하는 한편 중등 교육과 고등 교육의 발전을 위해 적절한 조치를 취하여야 한다.

　제29조 교육은 아동의 인격 및 재능, 정신적, 신체적 능력을 최대한 계발하는 방향으로 행해져야 하며, 아동들이 모든 관계에 있어 이해와 평화, 관용, 평등, 우정의 정신에 입각해 책임 있는 삶을 준비해 나가도록 행해져야 한다.

제30조 소수 민족의 아동은 그들 자신의 문화와 종교를 누리고, 고유의 언어를 사용할 권리를 가진다.

제31조 모든 아동은 적절한 휴식과 여가 생활을 즐기며, 문화 예술 활동에 참여할 권리를 가진다.

제32조 모든 아동은 경제적으로 착취당해서는 안 되며, 건강과 발달을 위협하고 교육에 지장을 주는 유해한 노동으로부터 보호받아야 한다.

제33조 당사국 정부는 마약 등의 약물로부터 아동을 보호하여야 하며, 약물의 생산과 거래에 아동이 이용되는 것을 막기 위하여 모든 적절한 조치를 취해야 한다.

제34조 당사국 정부는 모든 형태의 성 착취와 성폭력으로부터 아동을 보호할 의무를 지며, 의무 이행을 위하여 아동을 성적으로 이용하는 모든 행위를 방지하기 위한 조치를 취해야 한다.

제35조 당사국 정부는 아동을 대상으로 한 모든 형태의 약취 유인이나 매매, 거래를 방지하기 위한 조치를 취하여야 한다.

제36조 당사국 정부는 아동 복지에 해가 되는 모든 형태의 착취로부터 아동을 보호해야 한다.

제37조 모든 아동은 고문이나 잔혹 행위, 위법적인 체포나 구금, 사형이나 종신형 등의 형벌로부터 보호받아야 한다. 당사국은 구금된 아동을 성인 수감자와 격리시켜야 하며, 가족과 접촉할 권리, 신속하고 적절한 법적 판결을 받을 권리를 보장해 주어야 한다.

제38조 15세 미만의 아동은 군대에 징집되어서는 안 되며, 분쟁 지역의 아동은 특별한 보호를 받아야 한다.

제39조 당사국 정부는 무력 분쟁과 고문, 학대, 폭력 등을 경험한 아동의 신체적, 정신적 회복 및 사회 복귀를 촉진하기 위한 모든 조치를 취해야 한다.

제40조 당사국 정부는 형법상 유죄로 인정받은 모든 아동이 사회에 복귀하여 건설적인 역할을 담당하도록 하기 위하여 인권과 타인의 자유에 대해 존중하는 생각을 키워 주고 공정한 재판을 받도록 보장해 주어야 한다.

출처 : 아동 권리 보장원(www.korea1391.go.kr)

세계 인권 선언

제1조 모든 인간은 태어날 때부터 자유로우며 그 존엄과 권리에 있어 동등하다. 인간은 천부적으로 이성과 양심을 부여받았으며 서로 형제애의 정신으로 행동하여야 한다.

제2조 모든 사람은 인종, 피부색, 성, 언어, 종교, 정치적 또는 기타의 견해, 민족적 또는 사회적 출신, 재산, 출생 또는 기타의 신분과 같은 어떠한 종류의 차별이 없이, 이 선언에 규정된 모든 권리와 자유를 향유할 자격이 있다. 더 나아가 개인이 속한 국가 또는 영토가 독립국, 신탁 통치 지역, 비자치 지역이거나 또는 주권에 대한 여타의 제약을 받느냐에 관계없이, 그 국가 또는 영토의 정치적, 법적 또는 국제적 지위에 근거하여 차별이 있어서는 아니 된다.

제3조 모든 사람은 생명과 신체의 자유와 안전에 대한 권리를 가진다.

제4조 어느 누구도 노예 상태 또는 예속 상태에 놓이지 아니한다. 모든 형태의 노예 제도와 노예 매매는 금지된다.

제5조 어느 누구도 고문 또는 잔혹하거나 비인도적이거나 굴욕적인 처우 또는 형벌을 받지 아니한다.

제6조 모든 사람은 어디에서나 법 앞에 인간으로서 인정받을 권리를 가진다.

제7조 모든 사람은 법 앞에 평등하며 어떠한 차별도 없이 법의 동등한 보호를 받을 권리를 가진다. 모든 사람은 이 선언에 위반되는 어떠한 차별과 그러한 차별의 선동으로부터 동등한 보호를 받을 권리를 가진다.

제8조 모든 사람은 헌법 또는 법률이 부여한 기본적 권리를 침해하는 행위에 대하여 권한 있는 국내 법정에서 실효성 있는 구제를 받을 권리를 가진다.

제9조 어느 누구도 자의적으로 체포, 구금 또는 추방되지 아니한다.

제10조 모든 사람은 자신의 권리, 의무 그리고 자신에 대한 형사상 혐의에 대한 결정에 있어 독립적이며 공평한 법정에서 완전히 평등하게 공정하고 공개된 재판을 받을 권리를 가진다.

제11조

1. 모든 형사 피의자는 자신의 변호에 필요한 모든 것이 보장된 공개 재판에서 법률에 따라 유죄로 입증될 때까지 무죄로 추정받을 권리를 가진다.

2. 어느 누구도 행위 시에 국내법 또는 국제법에 의하여 범죄를 구성하지 아니하는 작위 또는 부작위를 이유로 유죄로 되지 아니한다. 또한 범죄 행위 시에 적용될 수 있었던 형벌보다 무거운 형벌이 부과되지 아니한다.

제12조 어느 누구도 그의 사생활, 가정, 주거 또는 통신에 대하여 자의적인 간섭을 받거나 그의 명예와 명성에 대한 비난을 받지 아니한다. 모든 사람은 이러한 간섭이나 비난에 대하여 법의 보호를 받을 권리를 가진다.

제13조

1. 모든 사람은 자국 내에서 이동 및 거주의 자유에 대한 권리를 가진다.

2. 모든 사람은 자국을 포함하여 어떠한 나라를 떠날 권리와 자국으로 돌아올 권리를 가진다.

제14조

1. 모든 사람은 박해를 피하여 다른 나라에 비호를 구하거나

다른 나라의 비호를 받을 권리를 가진다.
 2. 이러한 권리는 진실로 비정치적 범죄 또는 국제 연합의 목적과 원칙에 위배되는 행위로 기소된 경우에는 주장될 수 없다.

 제15조
 1. 모든 사람은 국적을 가질 권리를 가진다.
 2. 어느 누구도 자의적으로 자신의 국적을 박탈당하지 아니하며 자신의 국적을 변경할 권리가 부인되지 아니한다.

 제16조
 1. 성인 남녀는 인종, 국적 또는 종교에 따른 어떠한 제한도 없이 혼인하고 가정을 이룰 권리를 가진다. 그들은 혼인에 대하여, 혼인 기간 중 그리고 혼인 해소 시에 동등한 권리를 향유할 자격이 있다. 혼인은 장래 배우자들의 자유롭고 완전한 동의하에서만 성립된다.
 2. 가정은 사회의 자연적이고 기초적인 단위이며, 사회와 국가의 보호를 받을 권리가 있다.

 제17조
 1. 모든 사람은 단독으로뿐만 아니라 다른 사람과 공동으로 재산을 소유할 권리를 가진다.

2. 어느 누구도 자의적으로 자신의 재산을 박탈당하지 아니한다.

제18조 모든 사람은 사상, 양심 및 종교의 자유에 대한 권리를 가진다. 이러한 권리는 종교 또는 신념을 변경할 자유와, 단독으로 또는 다른 사람과 공동으로, 그리고 공적으로 또는 사적으로 선교, 행사, 예배 및 의식에 의하여 자신의 종교나 신념을 표명하는 자유를 포함한다.

제19조 모든 사람은 의견의 자유와 표현의 자유에 대한 권리를 가진다. 이러한 권리는 간섭 없이 의견을 가질 자유와 국경에 관계없이 어떠한 매체를 통해서도 정보와 사상을 추구하고 얻으며 전달하는 자유를 포함한다.

제20조
1. 모든 사람은 평화적인 집회 및 결사의 자유에 대한 권리를 가진다.
2. 어느 누구도 어떤 결사에 참여하도록 강요받지 아니한다.

제21조 모든 사람은 직접 또는 자유로이 선출된 대표를 통하여 자국의 정부에 참여할 권리를 가진다. 모든 사람은 자국에서 동등한 공무 담임권을 가진다. 국민의 의사가 정부 권능

의 기반이다. 이러한 의사는 보통·평등 선거권에 따라 비밀 또는 그에 상당한 자유 투표 절차에 의한 정기적이고 진정한 선거에 의하여 표현된다.

제22조 모든 사람은 사회의 일원으로서 사회 보장을 받을 권리를 가지며, 국가적 노력과 국제적 협력을 통하여, 그리고 각 국가의 조직과 자원에 따라서 자신의 존엄과 인격의 자유로운 발전에 불가결한 경제적, 사회적 및 문화적 권리들을 실현할 권리를 가진다.

제23조 모든 사람은 일, 직업의 자유로운 선택, 정당하고 유리한 노동 조건, 그리고 실업에 대한 보호의 권리를 가진다. 모든 사람은 아무런 차별 없이 동일한 노동에 대하여 동등한 보수를 받을 권리를 가진다. 노동을 하는 모든 사람은 자신과 가족에게 인간의 존엄에 부합하는 생존을 보장하며, 필요한 경우에 다른 사회 보장 방법으로 보충되는 정당하고 유리한 보수에 대한 권리를 가진다. 모든 사람은 자신의 이익을 보호하기 위하여 노동조합을 결성하고 가입할 권리를 가진다.

제24조 모든 사람은 노동 시간의 합리적 제한과 정기적인 유급 휴가를 포함하여 휴식과 여가의 권리를 가진다.

제25조

1. 모든 사람은 의식주, 의료 및 필요한 사회 복지를 포함하여 자신과 가족의 건강과 안녕에 적합한 생활 수준을 누릴 권리와, 실업, 질병, 장애, 배우자 사망, 노령 또는 기타 불가항력의 상황으로 인한 생계 결핍의 경우 보장을 받을 권리를 가진다.

2. 어머니와 아동은 특별한 보호와 지원을 받을 권리를 가진다. 모든 아동은 적서에 관계없이 동일한 사회적 보호를 누린다.

제26조 모든 사람은 교육을 받을 권리를 가진다. 교육은 최소한 초등 및 기초 단계에서는 무상이어야 한다. 초등 교육은 의무적이어야 한다. 기술 및 직업 교육은 일반적으로 접근이 가능하여야 하며, 고등 교육은 모든 사람에게 실력에 근거하여 동등하게 접근 가능하여야 한다. 교육은 인격의 완전한 발전과 인권과 기본적 자유에 대한 존중의 강화를 목표로 한다. 교육은 모든 국가, 인종 또는 종교 집단 간에 이해, 관용 및 우의를 증진하며, 평화 유지를 위한 국제 연합의 활동을 촉진하여야 한다. 부모는 자녀에게 제공되는 교육의 종류를 선택할 우선권을 가진다.

제27조

1. 모든 사람은 공동체의 문화생활에 자유롭게 참여하며 예술을 향유하고 과학의 발전과 그 혜택을 공유할 권리를 가진다.

2. 모든 사람은 자신이 창작한 과학적, 문학적 또는 예술적 산물로 발생하는 정신적, 물질적 이익을 보호받을 권리를 가진다.

제28조 모든 사람은 이 선언에 규정된 권리와 자유가 완전히 실현될 수 있도록 사회적, 국제적 질서에 대한 권리를 가진다.

제29조 모든 사람은 그 안에서만 자신의 인격이 자유롭고 완전하게 발전할 수 있는 공동체에 대하여 의무를 가진다. 모든 사람은 자신의 권리와 자유를 행사함에 있어, 다른 사람의 권리와 자유를 당연히 인정하고 존중하도록 하기 위한 목적과, 민주 사회의 도덕, 공공질서 및 일반적 복리에 대한 정당한 필요에 부응하기 위한 목적을 위해서만 법에 따라 정해진 제한을 받는다. 이러한 권리와 자유는 어떠한 경우에도 국제 연합의 목적과 원칙에 위배되어 행사되어서는 아니 된다.

제30조 이 선언의 어떠한 규정도 어떤 국가, 집단 또는 개인에게 이 선언에 규정된 어떠한 권리와 자유를 파괴하기 위한 활동에 가담하거나 행위를 할 수 있는 권리가 있는 것으로 해석되어서는 아니 된다.

출처 : 유엔 인권 이사회(https://www.ohchr.org)

에글렌타인 젭이 발표한
최초의 아동 권리 선언문

1923년, 세이브 더 칠드런의 창립자 에글렌타인 젭은 모든 어린이들의 기본적 권리를 다섯 가지 원칙으로 정리한 세계 최초의 아동 권리 선언문을 발표했습니다. 이 선언문은 1924년 유엔의 전신인 국제 연맹에서 '아동 권리에 관한 제네바 선언'으로 채택되었고, '제네바 선언'은 1959년 채택된 '유엔 아동 권리 선언문'의 기초가 되었습니다.

1. 아동은 정상적인 발달을 위해 필요한 물질적, 도덕적, 정서적 지원을 받아야 한다.
2. 굶주린 아동은 먹여야 하고, 아픈 아동은 치료해야 하며, 발달이 뒤쳐진 아동은 도와야 하고, 엇나간 아동은 돌아올 기회를 주어야 하고, 고아와 부랑아에게는 주거와 원조를 제공해야 한다.
3. 재난이 닥칠 경우 아동은 최우선적으로 보호받아야 한다.
4. 아동은 생존이 보장되는 환경에 있어야 하며 모든 형태의 착취로부터 보호받아야 한다.
5. 아동은 자신의 재능이 인류 발전을 위해 사용되어야 함을 이해하도록 양육돼야 한다.

출처 : 세이브 더 칠드런(https://www.sc.or.kr)

1923년 어린이 선언

방 정 환

어른에게 드리는 글

1. 어린이를 내려다보지 마시고 쳐다보아 주시오.
1. 어린이를 늘 가까이 하사 자주 이야기를 하여 주시오.
1. 어린이에게 경어를 쓰시되 늘 보드랍게 하여 주시오.
1. 이발이나 목욕, 의복 같은 것을 때맞춰 하도록 하여 주시오.
1. 잠자는 것과 운동하는 것을 충분히 하게 하여 주시오.
1. 산보와 원족(소풍) 같은 것을 가끔 시켜 주시오.
1. 어린이를 책망하실 때에는 쉽게 성만 내지 마시고 자세히 타일러 주시오.
1. 어린이들이 서로 모여 즐겁게 놀 만한 놀이터나 기관 같은 것을 지어 주시오.
1. 대우주의 뇌신경의 말초는 늙은이에게 있지 아니하고 젊은이에게도 있지 아니하고 오직 어린이 그들에게만 있는 것을 늘 생각하여 주시오.

어린 동무들에게

1. 돋는 해와 지는 해를 반드시 보기로 합시다.
1. 어른에게는 물론이고 당신들끼리도 서로 존대하기로 합시다.
1. 뒷간이나 담벽에 글씨를 쓰거나 그림 같은 것을 그리지 말기로 합시다.
1. 길가에서 떼를 지어 놀거나 유리 같은 것을 버리지 말기로 합시다.
1. 꽃이나 풀을 꺾지 말고 동물을 사랑하기로 합시다.
1. 전차나 기차에서는 어른에게 자리를 사양하기로 합시다.
1. 입은 꼭 다물고 몸은 바르게 가지기로 합시다.

출처 : 한국방정환재단(https://children365.or.kr)

17쪽
예) 물, 음식, 가족, 친구, 스마트폰

34-35쪽   그레타 툰베리, 말랄라 유사프자이, 이크발 마시흐, 루이 브라유, 이스마엘 베아

44쪽   어린이

53쪽
예) 제2조 차별받지 않을 권리 / 어린이라서 하면 안 되는 것도 많고, 차별받는 게 속상하다.

62-63쪽
예) 지금은 너에게 어려울 수 있지만 설명해 줄게.
아직 혼자 하기는 힘드니까 도와줄게, 해 보자.
언니(형, 누나, 오빠)라고 참아야 하는 건 아니야.
형(언니, 누나, 오빠)이랑 너는 서로 다른 사람이야. 있는 그대로 소중해.

사람마다 각자 잘하는 게 달라. 네가 잘하는 걸 찾아보자.
너는 이야기를 참 재미있게 하는구나.
너는 참 감정이 풍부한 사람이야.

69쪽   차별받지 않을(차별로부터 보호받을) 권리

71쪽   의견을 말할(의견을 존중받을) 권리

73쪽   생명을 존중받을(안전을 보장받을) 권리

75쪽   의견을 말할(의견을 존중받을) 권리

77쪽   장애 아동이 존중받을 권리 / 특별히 보호받고 교육받을 권리

79쪽 생략
85쪽 생략
89쪽 생략

97쪽
예) 나의 권리가 침해되면 참지 않고 말하고, 다른 사람의 권리가 침해되어도 모른 척하지 않고 말할

다른매듭의 어린이 교양 매듭 시리즈

사람 살려, 감염병 꼼짝 마!

지태선 글·그림 | 사자양 기획
초등 중·고학년 대상 | 가격 13,000원

**비상! 비상! 병원체가 내 몸에 들어왔어!
바이러스인가? 세균인가? 곰팡이?**

우리는 병에 왜 걸리는 걸까요? 몸이 아파야만 병인 걸까요? 세상에서 가장 무서운 병은 무엇일까요? 등 일상에서 느끼는 아주 사소한 질문에서 시작한 이 책은, 팬데믹을 겪고 있는 우리들이 알아야 할 내용을 꽉꽉 담았어요.

★ 한국출판문화산업진흥원 우수 출판 콘텐츠 선정 도서
★ 한국어린이교육문화연구원 우수 도서 으뜸책 선정 도서
★ 학교도서관저널 어린이 자연 과학 생태 추천 도서
★ 책씨앗 초등 추천 도서

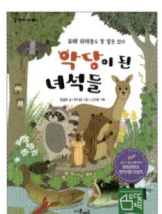

유해 외래종도 할 말은 있다
악당이 된 녀석들

정설아 글 | 박지애 그림 | 사자양 기획
초등 전학년 대상 | 가격 13,000원

**원래의 생물과 악당이 되어 버린 생물,
진짜 나쁜 건 누구일까?**

래쿤, 뉴트리아, 붉은귀거북, 큰입배스 등은 이런저런 이유로 본래의 터전에서 다른 곳으로 옮겨가 사람들과 가까이 살기 시작한 생물들이에요. 이들은 어쩌다가 다른 생물들에게 피해를 끼치게 된 걸까요? 모두가 안전하고 평화로운 지구에서 살 수 있는 방법은 무엇일까요?

★ 한국출판문화산업진흥원 중소출판사 출판콘텐츠 창작 지원 선정 도서
★ 한국어린이교육문화연구원 우수 도서 으뜸책
★ 국립어린이청소년도서관 사서 추천 도서
★ 책씨앗 초등 추천 도서

어린이가 꼭 알아야 할 인권

오늘 글 | 김연정 그림 | 사자양 기획
초등 전학년 대상 | 가격 14,000원

**인간은 누구나 인간답게 살 권리가 있어요!
그리고 어린이 역시 인간이지요.**

사람이라면 누구나 평등하게 보장받아야 하는 '인권'에 대한 관심이 높아지고 있는 지금, 특히 어린이 인권에 대해 이야기하는 어린이 지식 정보책입니다.
어린이들에게 인권이란 무엇인지, 자신에게 어떤 권리가 있는지, 자신의 권리를 제대로 보장받고 있는지, 권리를 보장받기 위해 무엇을 해야 하는지 알려 주며 함께 생각하고 활동해 볼 수 있게 합니다.

★ 책씨앗 초등 추천 도서

플라스틱 지구

지태선 글 | 임종철 그림 | 사자양 기획
초등 중·고학년 대상 | 근간 예정

우리는 플라스틱 없이는 못 살고, 지구는 플라스틱 때문에 못 산대요. 같이 살려면 어떻게 해야 할까요?

플라스틱 덕분에 우리는 편리하고 깨끗한 생활을 할 수 있어요. 하지만 지구는 플라스틱 때문에 오염되고 점점 더 망가지고 있습니다. 사람과 지구가 모두 잘 살 수 있는 방법은 없을까요?
플라스틱의 모든 것을 담은 책, 『플라스틱 지구』는 플라스틱과 지구 환경에 대한 어려운 숙제를 함께 풀어보기 위해 만든 책입니다.